Fama Tiémoko Junior Camara

Réflexions

Fama Tiémoko Junior Camara

Réflexions

Éditions Muse

Imprint
Any brand names and product names mentioned in this book are subject to trademark, brand or patent protection and are trademarks or registered trademarks of their respective holders. The use of brand names, product names, common names, trade names, product descriptions etc. even without a particular marking in this work is in no way to be construed to mean that such names may be regarded as unrestricted in respect of trademark and brand protection legislation and could thus be used by anyone.

Cover image: www.ingimage.com

Publisher:
Éditions Muse
is a trademark of
Dodo Books Indian Ocean Ltd. and OmniScriptum S.R.L publishing group

120 High Road, East Finchley, London, N2 9ED, United Kingdom
Str. Armeneasca 28/1, office 1, Chisinau MD-2012, Republic of Moldova, Europe
Printed at: see last page
ISBN: 978-620-4-96381-5

Réflexions

Préface 1

Depuis toujours, les relations entre personnes existent. Tomber sur les bonnes personnes, au bon moment, au bon endroit... cela est compliqué et ne dépend pas de nous.

L'expérience... une chose qui s'acquiert avec le temps. Ce qu'il y a de particuliers avec ce concept de la vie, c'est que plus nous avons mal dans notre parcours, et dans le même temps, plus nous nous en sortons, mieux nous arrivons à vivre. Cela nous forge. Les erreurs et les échecs font avancer, malgré tout ce que l'on peut penser. Celui qui refait deux fois la même erreur est quelqu'un de négligeant, j'en suis le premier, je ne blâme personne. J'ai fait des erreurs, j'essaie d'en commettre le moins possible. En réalité, une erreur est une leçon.

La catégorie de relation homme-femme la plus populaire est , celle dite amoureuse, celle qui nous intéresse dans la première partie de la présente œuvre. Il s'agit en quelques mots d'un recueil d'histoires que tout le monde aurait pu vivre. Elles s'étendent sur une période considérable de la vie d'un homme. Vous pouvez la considérer également comme une œuvre autobiographique, car les histoires me concernent toutes à quelques-unes près. « Œuvre de recueil d'histoires urbaines autobiographique" dit donc... quel titre ! commençons donc par la première histoire.

• Adolescence

Étant jeune, à la fin du collège, j'étais épris d'une go à la fois très belle et très intelligente. Elle avait un teint noir ciré, lisse. J'avais 14-15 ans. Nous étions devenus amis. J'avais lancé le mode approche subtile et tranquille. Nous sympathisions, la vie était belle. Nous sommes arrivés au stade où l'on se rend visite. Tout était magnifique.

Mais, hélas... il y a toujours un « mais ».

Un jour, je devais aller chez elle, j'étais avec un ami, lui aussi la connaissait. Donc, nous nous mettons en route. Une fois arrivés, la go nous reçoit tous les deux super bien. Son petit frère est là, nous chillons, nous vivons. À un moment, mon gars et la go ont disparu. Je me lève pour les retrouver, à peine j'arrive à la terrasse, que je les vois, les deux, entrelacés, en train de s'embrasser copieusement. D'un coup, j'ai été affaibli... mais comme le dit un ancien dicton « un homme ne tombe jamais, ce sont ses c******* seulement qui se balancent" j'ai repris mes esprits, j'ai abdiqué depuis ce jour là pour de bon.

• Adolescence bis

Ce qui t'arrive une fois, peut t'arriver deux fois si tu ne fais pas attention.

Un an plus tard, donc au lycée, je fais la connaissance d'une belle métisse. Je n'ai pas de mots pour la décrire tellement qu'elle était belle. Le même processus est entamé, l'approche subtile et tranquille.

Cette fois ci, la go semble aussi m'apprécier. J'étais aux anges. Mais hélas, le scénario similaire s'est produit... il y avait une boom chez la go. J'y suis allé avec un ami. La fête était belle, nous nous sommes bien amusés, nous avons bien dansé, nous avons nagé et tout. Le moment de vérité arrive, le moment où il est l'heure de rentrer et qu'il y a toujours des gars qui restent à cause d'une fille. Mon gars et moi sommes restés avec la go. Ça perdure, donc on doit y aller. En nous raccompagnant, la go et le gars traînent le pas. Je ralentis pour voir ce qui se passe... tenez vous bien, j'ai assisté à une scène compliquée... la go bloque mon ami contre un mur et l'embrasse comme pas possible...

Les filles auraient-elles un problème avec moi en particulier ?... je n'en savais rien, mais je le vivais.

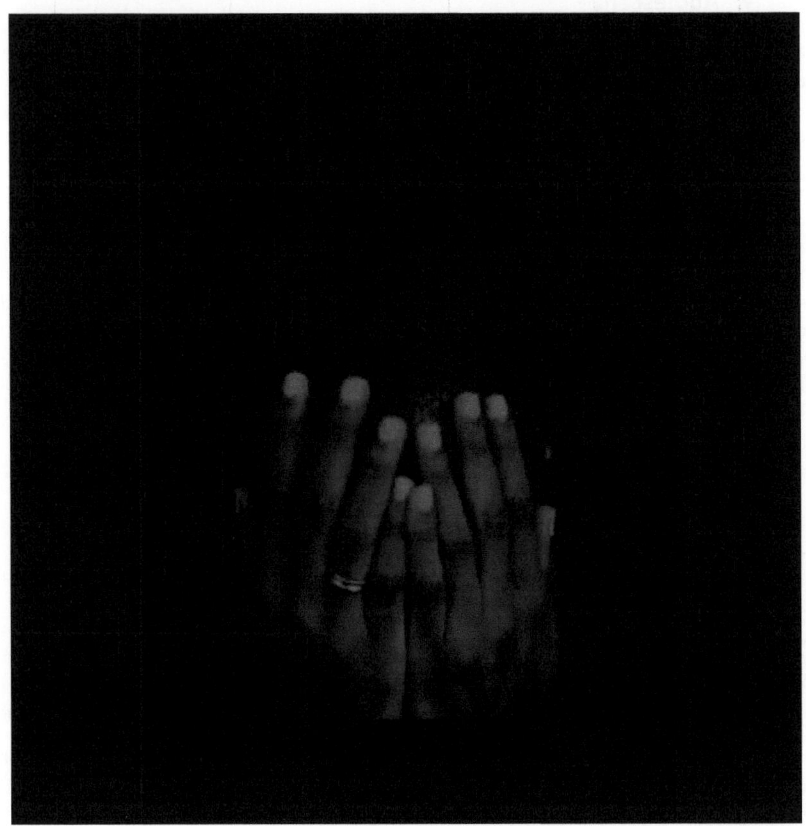

- **« fin d’adolescence»:**

Quand tu es jeune ce n'est pas facile...

Je devais avoir 17-18ans environ, mon meilleur ami de l’époque m’appelle en me disant de venir chez lui. Il me motive, en m’expliquant qu’il a rdv avec une fille et qu’il y en aura d’autres, mais qu’on doit aller prendre son rdv au préalable.

Je me mets en route, il devait être 16h-17h. J’arrive chez lui et on se dirige chez sa fameuse go.

On sonne donc au portail, le gardien vient et nous dit que la go fait la sieste mais qu'il va la prévenir.

Nous patientons tranquillement.

Trente minutes après, la go sort... le visage tout fripé, les cheveux en pétard... elle n'était pas motivante quoi...

Je m'éloigne et laisse mon gars l'entretenir, là, elle lui dit qu'elle va s'apprêter pour qu'on parte à la fête.

Une fois rentrée pour se changer, mon gars et moi, nous nous sommes regardés... nous n'avons pas réfléchi longtemps... nous nous sommes enfuis comme des lâches

J'imagine la tête de la go quand elle est sortie... nous n'étions plus là.

Désolé la go... nous étions jeunes...

- **« fin d'adolescence bis »**

J'étais en classe de 1ère (première). J'étais attiré par une très belle go métisse d'une autre classe que la mienne. Le fait d'avoir des amis(es) en commun m'a permis de me rapprocher d'elle et de tenter ma chance.

Un jour de cours normal, au moment de la récréation, la go discutait avec ses amies et moi avec les miens, mais je sentais qu'il fallait que je lui dise ce que je ressens. À quelques minutes de la fin de la récréation, Je me rapproche d'elle, je lui demande de m'accorder quelques minutes et je lui dis,

Moi : « bonjour Sylvia, tu vas bien ? »

Elle : « oui je vais bien et toi ? »

(La go n'a pas l'air réticente, génial !!)

Moi : (j'ai été direct, la ligne droite est le plus court chemin), « tu sais tu me plais beaucoup... j'aimerais vraiment qu'on soit ensemble toi et moi »

Elle : (... me regardant quelques secondes sans rien dire...), « oui je veux bien, on peut essayer »

Elle me prend par le menton et me fait un bisous. La sonnerie de fin de la récréation retentit, on se sépare, on rentre en classe.

J'étais aux anges, c'était indescriptible... j'étais remotivé de plus belles, je sortais avec l'une des gos les plus intelligentes, belles et convoitées de notre génération... le summum !

Tout se passait à ravir...

Il y eu une crise à cette époque dans mon pays, un coup d'état aux conséquences interminables... un couvre-feu avait été instauré de 19h à 6h du matin.

Un samedi ensoleillé, aux environs de 14h30, je décide d'aller chez Sylvia, tout en sachant qu'elle habite dans une autre commune que la mienne, relativement loin. Je m'y rends donc.

Tout se passait bien...

Tout d'un coup, il est 18h15.

Sylvia : « bébé, il est temps que tu rentres, il ne reste plus que 45 minutes avant le couvre-feu"

Moi : « ne t'inquiètes pas, je gère"

Il est 18h40...

Sylvia : « bébé, il faut vraiment que tu y ailles, plus que 20 minutes"

Moi : « oui tu as raison"

Je sors de chez elle, elle me raccompagne. Comme vous pouvez vous en douter, étant donné la distance, aucun chauffeur ne veut me ramener chez moi car le temps est trop court. Sylvia se met alors à faire de l'auto-stop... un monsieur assez âgé, à la vue d'une fraîche fille en fin d'adolescence, s'est arrêté.

Le monsieur : s'adressant à ma copine « bonsoir, vous allez où ? »

Elle : « bonsoir monsieur, c'est pour mon copain, il va à cocody, vous pouvez l'avancer s'il vous plaît ?"

Le monsieur : « ok, ça tombe bien, j'y vais aussi, vas-y monte petit"

Moi : « merci » j'embrasse ma go et je monte.

Sur le trajet, le monsieur m'explique qu'il va juste dans le quartier voisin a celui de ma copine et me fait descendre de son véhicule 3 minutes plus loin... il est 18h55... je descends, me sentant très en danger... à 19h00 en marchant pour aller chez moi, je tombe sur un barrage de police.

L'un des policiers : « ooh petit, tu ne vois pas l'heure ?! »

Moi : gardant ma sérénité et mon calme. « si... ma vieille m'a envoyé à la boutique mais elle est déjà fermée, je rentre de ce pas"

Le policier : « ok fais vite ! »

J'ai donc fait un détour pour rentrer chez moi à pieds après le couvre-feu.

Ce jour là, je suis arrivé à la maison à 20h45… sur le chemin, je me suis aperçu que nous étions légions à avoir été piégés par le couvre-feu. Des filles qui pleuraient, des gars qui habitent dehors, des prostituées…

Vous savez le pire… c'est que quelques temps après, du fait de la crise, les ambassades ont procédé au recensement de leurs ressortissants et leur rapatriement… Sylvia étant française, elle est partie… la distance a mis fin à notre relation…

#parsemé_damour

- **« hééé Dieu… »:**

Vous savez, ayant déménagé 7-8 fois dans la même commune (cocody), je n'ai pas vraiment eu le temps de me faire des amis dans un quartier. De ce fait, je n'ai eu en majorité que des amis qui sont ceux de l'école. Je suis un solitaire en quelque sorte.

Du coup, j'ai remarqué qu'il y a une fille qui semblait me suivre assez régulièrement. C'était le cas. Un jour, je reçois un texto sur mon numéro qui est sur ma page d'artiste, disant:

« Bonjour »

Naturellement je réponds: « bonjour que puis-je faire pour vous? »

La personne: « je suis la fille à qui tu plais au quartier »

Moi: « ah bon? Je ne vois pas qui c'est, Précisez »

Elle: « on s'est vu hier au carrefour de la pharmacie des allées, on s'est salué »

Moi: « ok d'accord... »

Elle: « invite moi chez toi »

Moi: «on ne se connaît pas et tu as l'air jeune ou bien »

Elle: « toi même tu as quel âge? »

Moi : « à ton avis? »

Elle: « moi j'ai 16 ans »

Moi: « ma fille, tu es trop petite, moi j'ai plus du double de ton âge»

Elle: « oooorrrh mais tu es un petit, moi je pensais que tu avais 40 ans »

Moi: « ah ouais, je suis petit? pense à autre chose c'est mieux »

Le pays ci... si tu t'amuses net tu deviens pédophile... les enfants n'ont plus peur...

Si ce n'est pas à cause de l'affaire de sugar daddy est-ce qu'un bébé comme ça peut me parler avec une telle aisance...

- **« relations humaines »**:

Vivre en se voilant la face conduit à de très mauvaises surprises.

Dans mes discussions avec autrui, j'ai constaté que nombreux sont ceux qui croient en quelque chose mais hélas sont les seuls à y croire.

Il y a de nombreuses relations qui vont à sens unique... la plupart du temps, on en arrive trop loin avant de s'en rendre compte... en amitié comme en relation amoureuse. Il y a une catégorie de personnes qui veut tellement être en couple que dès que c'est le cas, ces gens font tout pour que cela tienne, ce qui est bien normalement.. mais il ne faut pas paraître désespéré et en cas de goubestine ne surtout pas se venger sur le sexe opposé.

Dans ma quête de la relation stable et sérieuse, je suis tombé sur une go qui m'a dit clairement « j'estime que les hommes me doivent tout, parce que je leur ai trop donné, je ne me fatigue plus, si tu ne me cours pas après, tant pis. » Est-ce qu'elle sait combien de fois l'homme s'est viandé pour rien ?!

Quand on tombe à vélo, on y remonte.

Je suis tombé sur une autre qui me dit après quelques semaines de relation: « j'ai déjà 2 gars (genre moi et un autre) et j'assume, à Abidjan ici, il faut avoir au moins 2 gars »... elle m'annonce ça sans stress quoi... genre sujet tellement banal.

L'une des meilleures et pas des moindres m'a dit après que j'ai découvert la supercherie « non bébé, je sors avec lui c'est vrai, mais je bouffe son argent seulement, sinon c'est toi que j'aime. » digne d'un feuilleton tv ennuyeux.

Bref, rien n'est obligé, si quelque chose ne t'arrange pas, faut t'en éloigner, c'est la meilleure chose à faire.

#parsemé_damour

- **« compliqué »:**

À l'âge adulte, pendant mes études, vers la fin, je fus contacté par une go avec qui je sortais 2 ans auparavant. Notre séparation était due au fait qu'elle était partie tenter sa chance universitaire, dans un autre pays que celui où j'étais.

Elle me contacte pour me demander de l'aide, de sorte qu'elle puisse venir continuer ses études dans le pays où je suis, parce qu'elle avait des problèmes de son côté.

Ayant fini mes études, je prends sur moi en discutant avec la mère de la fameuse go. Je vais la chercher à l'aéroport, bien avant je lui trouve une maison et son école, on m'envoie le pognon pour que je réserve la maison et l'inscrive.

Quand elle arrive, je lui montre tout de la ville, du pays...

Bien évidemment, on se retrouve dans une relation amoureuse (j'étais célibataire et très goubestiné de ma relation précédente). Pendant 2 ans, tout se passe bien, sa mère vient nous rendre visite pour les congés de fin d'année. Tout se passe super bien.

Mais, il y a toujours un mais dans les belles histoires... dès que son diplôme de formation de 2 ans fut obtenu, la go a commencé à changer radicalement... nerveuse pour rien, distante et tout. Quelques jours avant son départ au pays, elle me dit: « tout le monde sait qu'on sort ensemble... mon gars que j'ai laissé dans le pays où j'étais est au courant, entre toi et moi c'est fini! » comme si je savais qu'elle avait un gars

Je n'ai même pas managé la go... j'ai juste dis « ok... » et je suis parti de chez elle.

Goumin ne peut pas attraper 2 fois quelqu'un, des fois tu es fan mais ce n'est pas pour toi.

J'ai expliqué cela à mes potes, ils m'ont dit qu'elle avait juste besoin d'avoir un diplôme et a fait d'une pierre deux coups en m'utilisant. Moi j'ai juste répondu que mon intention première était de l'aider et c'est ce que j'ai fait.

Tu ne peux pas savoir ce qu'il y a dans la tête des gens tant qu'ils ne te l'ont pas dit...

- **« goumin »**:

Au début de l'âge adulte, j'ai rencontré une fille super, belle et qui avait l'air tranquille (à cet âge là toutes les filles sont motivantes)

Nous avons fait deux ans pratiquement ensemble, la première goubestine est la meilleure.

Un vrai love comme il se doit, c'étaient les bébés, mon amour, mon cœur… on habitait ensemble tout ça… l'amour quoi… nous étions étudiants.

La go poursuivait l'argent alors qu'elle avait tout ce qui lui fallait. Au début j'en avais, tout était super, jusqu'à ce que je commence à moins en avoir, parce que je dépensais avec elle. Quand à son tour elle en avait, elle faisait mine d'être coincer… hum… non seulement elle poursuivait l'argent, mais je n'étais pas le seul à être « en couple » avec elle… son ex qui avait lui aussi une nouvelle go utilisait son corps quand il voulait se rappeler les bons moments.

Un de mes gars est venu me dire: « bro , je viens de voir ta go chez un tel couchée sous les draps au salon avec son ex »… alors que la go m'a dit : « je vais bosser avec mes amis de classe, on a une étude de cas à traiter. »

À partir de là, les effets du goumin ont commencé à se faire sentir sur moi, (après avoir djafoule sur elle et qu'elle m'ait menti en me convainquant que mon gars est un menteur… hééé… l'amour quoi!!!) je ne mangeais plus, j'avais perdu 8kg, j'étais devenu nul d'un coup.

J'ai fini par casser son cou alors que toujours fan… pendant cinq ans toutes les gos m'énervaient.

Finalement la go s'est marié avec mon proche… mon proche, un gars qui était toujours là à côté de nous…

Bref c'est le passé

#le_1er_goumin_est_très_difficile

- **« se caser n'est pas facile »**:

À un moment dans la vie, tout être humain cherche à se caser, à trouver son âme sœur et à fonder sa famille… du moins c'est ce que la société nous enseigne. Croyez moi ou pas, quand on décide de se lancer dans ce processus, ce n'est pas une mince affaire. Certains réussissent, d'autres jouent les durs (car très goubestinés auparavant ou ne voulant jamais l'être) et se donnent un genre en multipliant les conquêtes.

En ce qui me concerne, depuis que j'ai commencé ma quête, je suis tombé sur de vrais spécimens… Du fait de ce que je fais comme métier, la donne est erronée.

Il y en a une avec qui j'ai débuté une relation qui a à peine duré quelques semaines. J'ai découvert, enfin j'ai réussi à la faire avouer qu'elle sortait, en plus de moi, avec un gars qui a à peu près 25 ans de plus qu'elle. (J'ai fui sans demander mon reste)

Il y en a une autre qui, du fait de mon métier et ma dégaine, me prenait pour un pervers sexuel avec qui elle allait tester tout ce qu'il y a à tester dans ce sens. C'était exagéré. Je ne suis pas Roco. Le Porno, c'est un film d'action sexuel… il y a « action », « coupé », « épongé »… est-ce que quand tu regardes les Avengers tu t'arrêtes sur le toit d'un immeuble pour sauter sur l'immeuble d'en face juste avec ton jump? bref… (j'ai fui sans demander mon reste)

Il y en a une qui m'a dit que je suis l'homme de sa vie, que je suis son mari et que notre mariage sera d'un niveau tel que tout le monde va en entendre parler… enfin… elle était bisexuelle (dans la vie il faut se décider ma chérie, qu'est-ce qu'il y a!?) je l'ai su plus tard. (je n'ai pas eu besoin de fuir sans demander mon reste)

Il y en a une que j'ai rencontré un peu après avoir arrêté beaucoup de choses négatives dans ma vie. Elle était belle, gentille, de bonne famille, mais elle avait un soucis avec les substances illicites… j'ai essayé de la raisonner et de l'aider mais hélas elle n'a pas compris… aujourd'hui elle est décédée…

Tout ceci pour dire que quand on cherche quelque chose de bien, de durable et de stable, cela va prendre forcément du temps, des fois on aura mal, on ne voudra même plus essayer, mais il faut se dire que cela fait partie de la vie.

Bien sûr, toute mon histoire est valable dans l'autre sens aussi. C'est à dire les femmes souffrent tout autant.

Bref… pas sorti de l'auberge…

- **« être 2 ce n’est pas facile» (interlude 1):**

Un couple se réveille le matin.

Le gars dit à la go: « bébé ce matin là je n’ai envie que d’une chose pour commencer la journée »

La go: « c’est quoi bébé? »

Le gars: « j’ai envie de t’embrasser de façon intense»

La go: « faut te brosser les dents d’abord »

Elle lui a mal parlé ou pas?

La vie de couple n’est pas facile

- **« ah ouais ?!»:**

la vie n’est pas facile.

En effet, ma moitié était au restaurant entre midi et 2 sans moi pour manger, avant de retourner au travail. Un gars a envoyé une serveuse pour lui donner un bout de papier, sur lequel il avait inscrit son numéro de téléphone. Elle m’a donc appelé pour m’expliquer. Sur place et devant le gars, je lui ai dit de déchirer le papier, ce qu’elle fît.

Le même jour, mais un peu plus tard, j’étais tranquillement à la maison quand mon phone sonne, chose bizarre, c’est une go que je connais, mais que je ne vois plus très souvent. (À l’époque, elle m’avait dit: « tu es beau, tu es bien, tu es gentil... mais tu n’as pas d’argent »). Elle me dit en résumé qu’elle sait que je veux la mougou et qu’à n'importe quel moment, je peux lui faire mougoupan. Elle me demande de passer chez elle, qu’elle m’attend. J’ai catégoriquement refusé. J’ai mis ma moitié au courant, on en a ri.

En conclusion, je dirai que quand tu tombes sur la personne qu'il faut tu le sais (vice versa). Il y aura des personnes qui vont essayer de vous dérouter mais n'y prêtez pas attention.

- **« double combo » (interlude 2):**

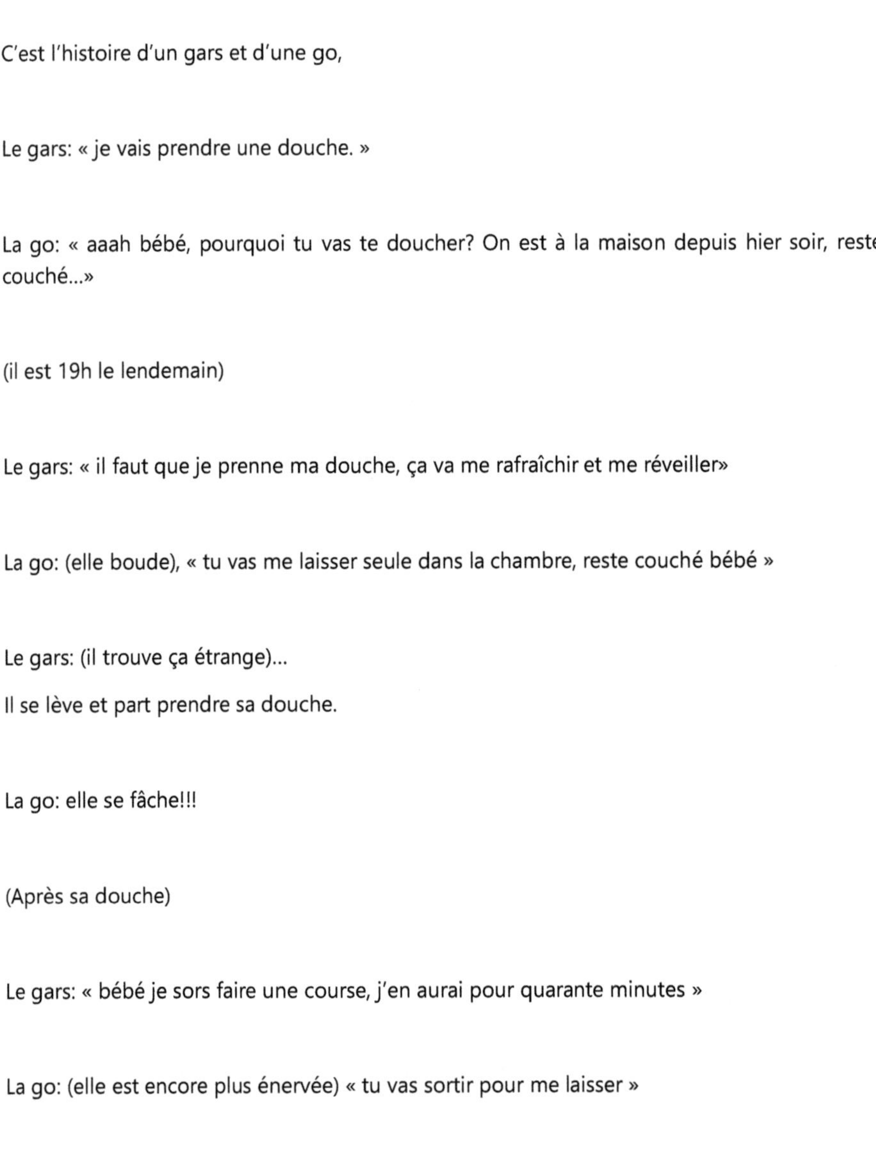

C'est l'histoire d'un gars et d'une go,

Le gars: « je vais prendre une douche. »

La go: « aaah bébé, pourquoi tu vas te doucher? On est à la maison depuis hier soir, reste couché...»

(il est 19h le lendemain)

Le gars: « il faut que je prenne ma douche, ça va me rafraîchir et me réveiller»

La go: (elle boude), « tu vas me laisser seule dans la chambre, reste couché bébé »

Le gars: (il trouve ça étrange)...
Il se lève et part prendre sa douche.

La go: elle se fâche!!!

(Après sa douche)

Le gars: « bébé je sors faire une course, j'en aurai pour quarante minutes »

La go: (elle est encore plus énervée) « tu vas sortir pour me laisser »

Le gars: « ah bébé... moi je ne sais pas quoi dire hein... quand je sors un peu, tu fais comme si je ne vais plus revenir »

La go: « tu sais où tu t'en vas »...

Le gars: il s'en va malgré tout.

Je m'arrête là, cela peut continuer comme ça jusqu'à la fin de l'année...

- **« l'amour n'est pas normal » (Interlude 3) :**

La go: « bébé je suis fatiguée, je vais dormir, réveille moi dans 15 minutes. »

Le gars: « ??? Tu vas dormir 15 minutes t'es sûre? »

La go: « oui bébé, réveille moi à 1h et on se recouche à 1h30... »

L'amour rend dingue

- **« danger »**

Étant rentré à la fin de mes études universitaire qui se sont achevées avec succès, j'ai cherché à retrouver mes connexions aux pays. J'ai retrouvé des amis, des petits frères, des grands frères avec qui je prenais des verres de temps en temps. Il y avait une fille parmi eux qui semblait s'intéresser à moi. J'étais frais, je venais d'arriver après huit ans à l'étranger. Je faisais mine de ne pas voir les avances « subtiles » de la go. Forcément, fréquentant les mêmes personnes, les mêmes milieux, nous avons fini par faire connaissance. Effectivement, elle « ressentait » quelque chose pour moi. Du coup, nos amis en commun ont essayé de me motiver la concernant. En vrai, je n'étais pas très enthousiaste...

Quand Dieu est avec toi, franchement rien ne peut t'arriver.

J'ai commencé à me renseigner sur la go. Elle avait une vie sexuelle assez chargée... c'est le moins que l'on puisse dire... j'ai découvert qu'elle avait sept (7) enfants, avec cinq (5) pères différents...

Des personnes que je considérais comme mes amis... ce sont ces mêmes personnes qui ont voulu me pousser dans les bras de cette go aux mœurs inexistantes... c'est à se demander ce que représente l'amitié et la loyauté pour eux... bref, j'ai mis fin à tout cela assez rapidement, je me suis éloigné de tout ce monde.

Il y a des personnes (bien trop nombreuses) qui ne réfléchissent pas avant d'agir. Il y a des personnes qui couchent, qui rentrent dans une relation sans savoir réellement qui est la personne en face. Imaginez un instant que je ne me sois pas renseigner, que j'ai foncé tête baissée en me disant « quelle go aux formes alléchantes ! »... je ne serai, sans doute, pas en train d'écrire ce recueil.

- **«Mon pays est le plus doux au monde » (ces événements se déroulent à la boutique du quartier):**

Une go: « bonjour, on dit quoi tu vas bien? »

Moi (étonné): « oui merci, j'espère que toi aussi. »

La go: « tu es beau... tu ne parles à personne au quartier, tu es mystérieux, j'aime ça. »

Moi: « merci, mais tu as quel âge? »

La go: « j'ai 22ans »

Moi: « ... mais tu es un bébé... »

La go: « ... non tonton, je ne suis pas bébé hein... »

- **"c'est comme ça on gère bisi hein":**

Quand Je sortais de chez moi ce soir, je marchais, il y a une go qui m'accoste.

Elle: « bonsoir, s'il te plait vient » (elle a un sachet dans sa main)

Moi: (étonné) « bonsoir... »

Elle: « huuum regardez comment il me regarde même... en fait je vends des parfums et je veux te les proposer » (elle me tend un parfum)

Moi: (je sens le parfum)...

Elle: « tu as vu comme ça sent bon. »

Moi: « ... euuh... oui mais merci. Sinon ça coûte combien? »

Elle: « bon comme c'est toi là, faut donner 4000 seulement. »

Moi: « c'est ce que je disais, non merci. » (Je m'en vais)

Elle: « Mon frère s'il te plait reviens... »

Moi: (je reviens) ...

Elle: « huuum si c'est une go qui t'appelle tout de suite là, elle te dit bébé viens j'ai besoin de te voir, tu vas grouiller pour la trouver. »

Moi: « Euh non, si elle veut me voir elle vient me voir à la maison, ou l'inverse. »

Elle: « huumm les garçons qui emmènent vite les filles à la maison comme ça moi je n'aime pas ça »

Moi: « ok. Bon je dois y aller au revoir. »

Elle: (me regardant partir...) « mon frère s'il te plait reviens. »

Moi: (je reviens)

Elle: « je vais te donner un conseil, faut pas prendre l'habitude d'envoyer les filles à la maison, ce n'est pas bien. »

Moi: « merci pour le conseil, mais je suis tranquille, c'est cool, une fille peut venir chez moi et on va juste causer. » (je ne suis pas un obsédé)

Elle: « ah là... tu commences à me faire peur, (genre je suis en train de lui révéler que je ne suis pas hétéro), parce que tu as la beauté, tu as tout pour plaire , donc je ne comprends pas bien ce que tu me dis. »

moi: « ah... peut-être que j'ai une go. »

Elle: « peut-être ça veut dire quoi? Tu as une go ou bien tu n'as pas de go? »

Moi: « ça veut dire que tout est possible. »

Elle: « ohhh faut me dire que tu as une go. Bonne soirée à toi porte toi bien »

Moi: « ok bye »

- **« Donc les gos vous faites ça aussi? en plus à haute voix »**

Je marchais dans la rue, je revenais d'une course pas loin de chez moi, quand, devant un maquis au bord de la route où je passe naturellement, trois gos sont assises et me regardent passer. L'une dit à son amie: « ouais ça là c'est garçon hein » et l'autre répond: « ouiiii, un genre de bim façon là »

Un autre jour, un ami me convie à un dîner style chill chez lui. Quand j'arrive, il y a une des gos là bas que je ne connais pas qui me regarde beaucoup, à un moment elle dit dans l'oreille d'un ami avec qui je suis arrivé: « tu es venu avec une bonne viande hein », en parlant de moi... c'est moi qui suis la viande?... une jolie go métisse en plus...

- **« tout ce que l'on fait nous rattrape »:**

Il ne faut jamais se moquer de quelqu'un, surtout quand cette personne est jeune. J'ai un pote qui a dragué une go (très belle), elle l'a fait poiroter pendant un temps considérable, quand elle a cassé son cou, elle lui a rappelé le surnom qu'il lui avait donné au collège et comment il se moquait d'elle, la go s'est métamorphosée de façon très impressionnante. Apparemment jusqu'à présent elle n'a pas digéré...

- **« Faut oser »**

Un soir, étant rentré d'une journée bien remplie, je décide de ressortir boire une bière, histoire de me rafraichir la gorge. Une fois terminé, sur le retour, à pieds, car pas loin de chez moi, une go m'interpelle, elle est en compagnie d'une autre dame.

Elle : insistante du regard « bonsoir monsieur »

Moi : « bonsoir madame"

Elle : « ... vous me plaisez beaucoup"

Moi : « merci... »

Son amie : « aaah... toi aussi... »

Elle : « je voulais vous dire cela"

Moi : « ok merci"

Elle : voulant me donner son numéro

Moi : « non, prenez le mien (je lui donne mon numéro) et appelez moi"

Nous nous sommes séparés comme si de rien était...

Vous voulez savoir la suite ? Je laisse votre imagination travailler...

#parsemé_damour

- **"histoire":**

Pour dire la vérité, la saint valentin et moi nous sommes fréquentés très peu de fois. Pas parce que je n'aime pas ou que je fuis l'amour, mais parce qu'à cette période de l'année je suis la plupart du temps célibataire.

Vous savez, je ne cite jamais de nom dans mes histoires, je préfère généraliser... Quand le regret apparaît dans la vie de quelqu'un, cela veut dire que cette personne a posé un acte qui avec le temps s'est avéré mauvais (donc elle en a eu conscience "trop tard")... où après la perte d'un être cher quand on se rend compte que l'on a vraiment déconné, du vivant de cette personne, en ce qui la concerne. La vie étant ce qu'elle est, tout est critiquable, même ce que l'on fait avec le plus bon cœur du monde. Je ne cite pas de nom, mais c'est déjà une bonne chose de se rendre compte de ses erreurs pour avancer et ne plus les refaire. Tant qu'il y a de la vie, il y a de l'espoir.

#que_celui_qui_comprend_comprenne

- **"jeunesse":**

Aujourd'hui, je suis allé acheter du pain à la boulangerie. Les filles qui servent là bas et moi avons sympathisé, elles me disent à chaque fois "bonne année l'argent"... j'arrive, il y a une d'entre elles qui me dit: "mon fils tu ne me salues pas aujourd'hui quoi?"

Moi (riant): "ton fils même hein?... tu me donnes quel âge? »

Elle: "si tu as trop 25-26ans"

Moi: "ah bon? c'est une excellente fausse réponse, je suis beaucoup plus vieux que ça"

Je lui donne mon âge.

Elle: "... c'est que tu vas mourir jeune hein"

Moi: "mais qu'est-ce-que tu racontes? comment ça jeune? »

Elle: "je veux dire que même si tu es vieux on va dire que tu es jeune"

Moi: "faut bien t'exprimer hein?!"

- **"wahouuuu":**

Dans une "cave" ou un "maquis" (c'est comme vous voulez) à Angré, en compagnie de deux amis, un événement inattendu s'est produit. Une go « anéantie » entre dans le coin et vient s'assoir à côté de nous, mais plus à côté de moi. Un gars vient s'assoir à sa table.

Elle: "Bonsoir, c'est le chauffeur de taxi je ne le connais pas, je veux lui donner une bière c'est tout"

Nous: "ok..."

Quelques minutes après...

Elle (s'adressant à moi): "il a fini de boire sa bière, fais le partir"

Moi: "... euh, il va partir ne t'inquiètes pas, il a déjà fini" (finalement il se lève, monte dans son taxi et s'en va)

Elle (s'adressant toujours à moi): "c'est toi qui me plait"

Moi: "quoi?... ok merci."

Elle: "pourquoi tu fais ça?"

Moi: "je n'ai encore rien fait, donc je ne vois pas de quoi tu parles."

Elle: "mais pourquoi tu fais ça? Tu ne sais même pas d'où je viens"

Moi: "toi non plus tu ne sais pas d'où je viens. »

Elle: "ah bon?! Bon tu m'emmerdes"

Moi: "hééé, s'il te plait, laisses moi en paix! Je ne dis pas s'il te plait comme ça hein!"

Elle: "bon tu me plais, viens m'accompagner vers là bas" (en me montrant un endroit du doigt)

Moi: "non ce n'est pas la peine"

Elle: (me touchant le bras) "mais tu me plais, bon je m'en vais, tu vas me laisser partir comme ça?"

Moi: "oui, rentres bien"

Elle est déçue, quelques minutes passent.

Elle (s'adressant à mes deux amis): "hééé les gars, je l'aime"

... mes gars ne la calculent pas.

Elle répète la même chose.

Moi: "j'ai compris merci, rentres bien"

Elle a fini sa bière et elle est partie, elle était très gaspillée putain... le pire c'est que je ne la connais ni d'Adam ni d'Ève...

Pendant tout ce temps, mes 2 gars se sont moqués de moi, aucune solidarité. Merci pour le soutien les gars

- **« avant de se lancer dans quelque chose, il faut se renseigner »:**

Toujours dans ma quête du bonheur à 2, je fus dragué par une femme plus jeune que moi, une fraîche, de bonne famille, de très bonne famille même. (Je me suis laissé draguer bien sûr)

Tout avait bien débuté, nous discutions longuement, passionnément. Nous priions ensemble les soirs par téléphone avant de dormir et le matin au réveil. Chacun avait ses défauts qu'il essayait de corriger pour lui même et pour son conjoint. Mais vous savez, tant que tout est bon, il faut chercher à savoir ce qui n'est pas bon... car la perfection n'est pas à chaque coin de rue. Un jour en discutant au Téléphone, la go me dit un truc qui m'a cassé jusqu'aujourd'hui... nous parlions de tout et de rien , donc de tous les sujets quand la go me dit: « bébé j'ai envie de me faire humilier »

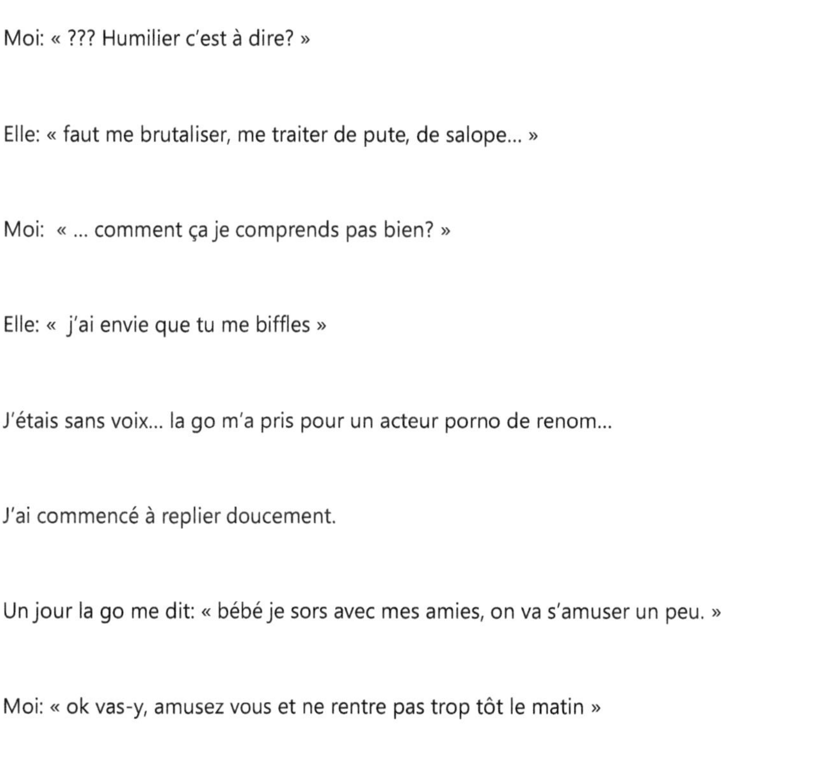

Moi: « ??? Humilier c'est à dire? »

Elle: « faut me brutaliser, me traiter de pute, de salope... »

Moi: « ... comment ça je comprends pas bien? »

Elle: « j'ai envie que tu me biffles »

J'étais sans voix... la go m'a pris pour un acteur porno de renom...

J'ai commencé à replier doucement.

Un jour la go me dit: « bébé je sors avec mes amies, on va s'amuser un peu. »

Moi: « ok vas-y, amusez vous et ne rentre pas trop tôt le matin »

Le matin vers les 5-6 heures la go m'appelle, elle est dans une voiture avec 2 gars et une go... ils vont la déposer, je suis censé être somnolant.

Un des gars dans la voiture: « tu es au phone avec qui? »

Elle: « mon gars »

Le gars: il éclate de rire

Moi: étonné...

Mais je ne fais aucun bruit, genre je dors, mais elle ne raccroche pas.

En arrivant chez elle, pour dire au revoir, la go coupe son micro pendant quelques minutes.

Quand elle remet son micro, je lui crie dessus en lui disant : « tu te fous de qui ?! Tu as coupé ton micro ! c'est pourquoi !? si c'est pour ça fallait pas m'appeler »

Elle me dit: « j'ai honte de fumer devant toi, j'ai demandé une cigarette pour fumer donc j'ai coupé mon micro » alors qu'au son de sa voix la go est très alcoolisée.

Je n'ai pas besoin de vous dire que j'ai fui sans demander mon reste...

Ce fut une relation, une expérience très éprouvante... franchement plus jamais de relation comme ça dans ma vie... Dieu m'en garde.

Conclusion 1

Chercher, rechercher la bonne personne, le bon, le meilleur, le parfait partenaire de vie... je me demande s'il y a quelque chose de plus dure que cela. Certains trouvent juste ce qu'il leur faut, d'autres s'accrochent à ce qui leur est néfaste car trop impliqués pour prendre du recul et analyser... il y a également une catégorie qui ne cherche plus, qui est épuisée et qui vit sans trop penser à cet aspect de la vie. Rien ne s'acquiert facilement, rien ne se garde facilement, accepter d'être blessé, d'avoir mal et avancer, tel est la solution aux problèmes de la vie. Avoir la force de passer outre et recommencer autrement, comme je l'ai dit en préface 1, les erreurs sont des leçons. Quelqu'un qui ne commet pas d'erreur est en danger en quelques sortes. Se dire que la vie n'est pas rose et chercher, arriver à l'embellir, c'est cela la solution.

Préface 2

En toute chose, il y a ce que l'on veut, ce que l'entourage veut, mais le plus important est ce que Dieu veut. Arriver à se situer dans tout cela est une chose très complexe. Se faire comprendre parce que l'on a pris telle ou telle décision... faire et assumer ses actes quelque soit ce qu'il en coûte. Être soutenu ou pas dans sa vie. Aimer ce que l'on fait... ou le faire juste parce que l'on est bien payé... de nombreux facteurs, conditionnent nos choix de vie. Le risque zéro n'existe pas... le futur n'est visible et palpable que lorsqu'il devient le présent. La complexité de la vie ici bas, m'emmène à vous faire part du deuxième volet de mon recueil.

- **"plus on évolue, plus on tamise":**

Certains récents événements m'ont fait avoir cette réflexion bien que je l'applique depuis un moment.

Quand on est enfant, tous ceux que nous rencontrons sont nos amis. On aime tout le monde, sans arrière pensé. Quand on devient adolescent, le tamis travaille, le nombre d'amis diminue, car on se rend compte qu'il y a de nombreux aspects qui peuvent créer de l'amitié comme défaire l'amitié.(centres d'intérêt). Quand on devient adulte, on a des connaissances multiples mais très peu d'amis, car chacun a ses habitudes, ses centres d'intérêt qui se sont précisés. Tout le monde ne peut pas être l'ami de quelqu'un sous prétexte qu'ils se sont déjà rencontrés. Faisons attention car en grandissant, en vieillissant chacun suit sa direction. La jalousie, l'hypocrisie et bien d'autres sentiments néfastes existent... surtout quand on pense que tout le monde est ami à tout le monde. #sachons_tamiser

- **"le poids des années":**

ma mère est venue à la maison avec une de ses amies... je me suis permis de lui demander depuis combien de temps elles se connaissent. Elle m'a répondu "depuis un peu moins de 50 ans"... là, je me suis dit : "wahouuu, j'aimerais avoir un ami comme ça..." Quelque soit ce que la vie leur a fait vivre elles l'ont surmonté. #La_vie

- **« gardons un minimum de contact »:**

Couper totalement les ponts avec quelqu'un ce n'est pas simple... il y a une personne que j'ai fréquenté pendant trois à quatre ans, pour certaines raisons légitimes, j'ai coupé les ponts avec elle depuis deux ans ou un peu plus. Un jour, je reçois un coup de fil de la part d'un ami en commun, avec qui il a coupé les ponts également, me disant qu'il a essayé de le joindre. C'est une femme qui a décroché et lui a répondu qu'il est décédé depuis juin 2020. Il s'est endormi pour la nuit et ne s'est plus réveillé... #la_vie

- **"comparaison":**

En toute chose, il faut savoir à qui ou à quoi se comparer. Je lis des posts, j'entends des réactions de certaines personnes qui m'étonnent.

Si par exemple, on te dit il y a quelque chose (n'importe quoi) que tu ne fais pas bien, la moindre des choses c'est d'essayer de corriger cela, afin que tu le fasses bien ou mieux... mais il y a une catégorie de personnes, qui te répond en se comparant à pire qu'eux. C'est à dire que ces personnes ne cherchent pas à s'améliorer, mais à se complaire dans leurs erreurs, ou leurs méfaits car il y a pire qu'eux...

Ce que j'ai appris et que je sais, c'est qu'on se compare à mieux, voire beaucoup mieux, pour s'améliorer, pas à pire que nous, pour pouvoir avancer.

#réfléchissons_mieux

- **« expérience »:**

Vous savez dans la vie quand on est jeune, la plupart du temps on pense foncer, aller de l'avant, donc on ne veut écouter personne, surtout pas les personnes plus âgées car on se dit qu'elles sont vieux jeux ou "ennuyeuses". Mais en vrai on se retarde, voire on recule. Écouter ses aînés sauve la vie.

- **"s'exprimer" (interlude 1) :**

Hier matin, j'allais à la boulangerie. Je vois un adolescent et sa go. La petite parle oh, elle parle. À un moment elle dit: "quand j'ai vu ma camarade là j'ai couri en même temps...", le petit lui répond: "tu as couru, tu n'as pas couri".

- **"juste une pensée parmi tant d'autres":**

Si tu ne sais pas faire quelque chose, ne décourage pas ceux qui savent le faire sous prétexte que toi tu as essayé et tu n'as pas eu d'argent dedans. Si c'est le cas, c'est que tu ne sais pas faire cette chose, c'est sans doute pour ça que tu n'y as pas gagné d'argent. Si tu sais faire quelque chose, c'est que tu peux gagner de l'argent en le faisant.

Merci bien.

- **« Abidjan est risqué » (interlude 2):**

Ce soir en rentrant chez moi, en prenant la route habituelle, j'ai assisté à un événement étrange... une femme est sortie de chez elle avec comme seul vêtement un pagne attaché autour de son cou. En plus elle avait de la poudre un peu partout sur son corps. Elle s'est mise au bord de la route, a marmonné quelques paroles, a ouvert sa main droite et a soufflé de la poudre blanche vers la route... Ensuite elle est rentrée chez elle, toute gênée d'avoir vu que je l'ai vu... d'autant plus qu'on habite dans la même zone...

Je suis sans voix... une envoûteuse nocturne...

- **« franchement hein... » (interlude 3):**

Hier j'étais au super marché dans la file à la caisse. Une femme juste devant moi était au téléphone. Je n'ai pas pu m'empêcher d'entendre ce qu'elle disait et franchement hein... elle disait que cela fait 2 jours que dans son quartier il n'y a pas d'eau... alors je me suis demandé quelle machine est abîmée à la SODECI en plus de celle de la CIE...

#respectez_nous_un_peu_les_gars

- **« choix de vie »**

La vie étant faite de pensées, de paroles et d'actes, les choix que nous faisons sont très importants et déterminants. En général, nous avons les cartes dans nos mains et nous choisissons lesquelles dévoiler. Certains vont vers la facilité, d'autres vont vers ce qui est plus complexe. Dans les deux cas, l'on peut se casser les dents. En ce qui me concerne, j'ai choisi la musique et tout ce qu'elle peut engendrer. Difficile de me faire comprendre... d'autant plus que j'ai de bons diplômes supérieurs. Au début, croyez moi, j'ai été rejeté par tout le monde, ma famille en premier, de façon très catégorique. Mes amies et amis en deuxième position, ils se demandaient ce qui m'arrivaient. D'ailleurs on m'a beaucoup posé cette question : « pourquoi tu fais de la musique ? Du rap ? » en général, je ne répondais rien de précis. Je pense que le plus dur dans l'existence d'une personne, c'est d'arriver à se faire comprendre... surtout par les gens que nous considérons, que nous estimons.

En ce qui me concerne, ma famille m'a coupé les vivres, a rejeté fermement mon idée de faire de la musique , de devenir artiste.

Dans la rue, des gens que je ne connais pas m'encouragent, me donne de la force pour continuer mon combat, ma lutte. Bons nombres de fois, j'ai eu envie d'abandonner... autant de fois des inconnus m'ont redonné du poil de la bête. Au début, quand j'ai commencé à écrire, à rapper, je ne le faisais pas pour de l'argent ni pour de la reconnaissance, mais c'était plus pour me soulager, pour exprimer un certain mal-être que je ne pouvais pas dire facilement à qui que ce soit... je le traduisais en mots, en rimes et en rythmes.

Étant jeune, j'avais des prédispositions pour le sport, spécialement le basket, en plus j'aimais la poésie. Le rap étant la poésie de la rue, c'est vers ce côté que je me suis dirigé.

Les choses évoluent à leurs rythmes, le public extérieur est grandissant, ma famille a mis juste un peu d'eau dans son vin, sans être pour autant un soutien réel.

#la_vie_continue

- **« juste valeur »:**

J'allais au supermarché quand le chauffeur d'une voiture me reconnaît et gare à mon niveau. Je le connais de vue sans plus.

Il me dit: « j'ai vu tes clips sur le net, je ne savais pas que tu faisais du rap »

il y avait un adolescent côté passager.

Le gars me dit: « c'est mon fils, il aime le rap, ce serait bien qu'il ait quelqu'un qui s'y connaît pour le guider, un mentor »

Moi: « merci pour la considération, y'a pas de soucis, prenez mon numéro »

Et nous nous sommes séparés.

#de_là_à_me_confier_son_fils

- **« avec du recul »:**

Vous savez, avec ce qui s'est passé sur une de nos chaînes tv, les gens sont choqués. Mais depuis longtemps, les gens doivent être choqués, depuis des années on voit tout et n'importe quoi, on fait l'éloge de tout et n'importe quoi. Je discutais avec un ami et il m'a dit ceci: « si tu postes une vidéo de quelqu'un en train de se masturber et ensuite tu postes une vidéo de quelqu'un en train de prier... la vidéo qui fera le plus de vues et de loin est la première que j'ai cité » et il a raison.

J'ai parmi mes amis sur les réseaux sociaux des gens qui sont très choqués de ce qui s'est passé sur la dite chaîne alors que ces derniers n'ont fait que partager des vidéos banales et rire de tout... du plus inutile au plus absurde. Si nous arrêtons de banaliser et de rire avec tout cela n'arrivera plus. C'est dans nos partages et nos posts que l'on favorise ce genre de « dérapages » que l'on peut qualifier de contrôlés.

Je ne citerai pas de nom ou de pseudo mais nous avons vu des gens qui n'ont rien fait de bon, qui sont passés dans des émissions radio ou tv et qui ont été érigés en fierté nationale. Les mêmes personnes choqués aujourd'hui ont partagé et ri avec ce genre de « buzz ».

Bref... dans un pays où la population est aussi jeune, si l'on n'éduque pas, on subira ce genre de désagréments pendant des années. #arrêtons_de_rire_avec_tout

- **« la musique est faite pour danser... mais pas uniquement »:**

Un soir à 22h et des poussières, j'ai reçu une note vocale assez longue de 5 minutes environ. J'ai failli ne pas l'écouter car trop longue avec un destinataire que l'on peut qualifier d'inconnu en quelques sortes. Mais, finalement je l'ai écouté. Le gars dit que quand il écoute ma musique, des fois il a les larmes aux yeux tellement qu'il a l'impression que dans mes paroles c'est à lui que je parle. Il a même chanté mes lyrics et a dit « je m'arrête là sinon je peux chanter tout ». Dans le ton de sa voix, j'ai senti un désespoir, qui a trouvé une bouée de sauvetage. Il a dit une phrase qui m'a vraiment touché: « j'avais besoin de quelqu'un comme toi à écouter dans ma vie » et il a fini par me bénir...

Bref si ma musique donne de l'espoir c'est une grâce .

#JRL

- **« reconnaissance »:**

Avec la sortie de mes albums, j'ai reçu des messages whatssup (numéro qui est sur mes pages officielles) venant de plusieurs jeunes garçons pour me demander conseils, pour m'encourager ou encore pour me dire: « mon vieux, j'aimerais que tu me prennes comme ton bon petit », (au début je comprenais pas bien cette phrase mais maintenant si). La plupart de ces jeunes sont d'abobo (pk18), un peu de yopougon, un peu de portbouet et bien-sûr de cocody la commune où je réside, entre autres.

Franchement je suis plus que satisfait de mon évolution. Merci à tous et à toutes pour la considération.

- **« soutenir son enfant, pas seulement lui imposer »:**

Je commence ce volet en disant que quand j'étais jeune, j'avais du talent dans le sport. Dans le basket plus précisément. J'avais la possibilité de continuer dans ce domaine à l'étranger... mais hélas, mes parents ont catégoriquement refusé, en me donnant comme argument, que le sport est quelque chose de dangereux et de pas sûr... pendant mes études supérieures, j'ai intégré l'équipe de mon université. À ma première année, nous avons gagné le championnat universitaire. L'année qui a suivi, je jouais le championnat national. Mes parents l'ont appris et m'ont conseillé de continuer... bien évidemment, il était trop tard pour entamer une carrière...

Pour revenir à la musique, je reçois un bon nombre de messages via mes pages, des messages venant la plupart du temps, de personnes que je ne connais pas, mais qui aiment ce que je fais. Il y a quelques jours, j'ai eu une conversation avec un petit qui s'est confié à moi en disant:

Lui: « bonjour grand frère, comment allez vous? »

Moi: « bien, merci et chez toi? »

Lui: « ça va grand frère, je veux te féliciter pour ce que tu fais, parce que je débute dans le domaine et ce n'est pas facile du tout. Je suis encore au lycée et mes parents m'ont interdit de faire du rap alors que je veux faire du rap comme toi »

Moi: « comme moi ?... comment ça? »

Lui: « du rap qui a un sens, mais mes parents ne m'encouragent pas ».

Moi: « fais ce que tes parents disent, mais cultive aussi ta passion quand tu as des moments de libre et fais en sorte qu'ils arrivent à te comprendre »

Lui: « merci grand frère »

Si je devais lui expliquer ce qui m'est arrivé et puis j'ai continué, je pense qu'il aurait abandonné directement.

Aujourd'hui je suis de plus en plus soulagé, mes amis(es) me comprennent, mes parents aussi (Dieu merci) même si certains trouvent toujours à en redire.

J'ai eu droit à des: « arrête de rêver », « tu vas mourir si tu fais de la musique », « c'est le diable qui t'inspire », « si tu fais de la musique tu vas me rembourser tout l'argent que j'ai mis dans tes études » (celle là vous imaginez bien qui me l'a sorti)... et j'en passe.

Quand quelque chose doit être grand et durable, ça commence toujours « mal » #JRL

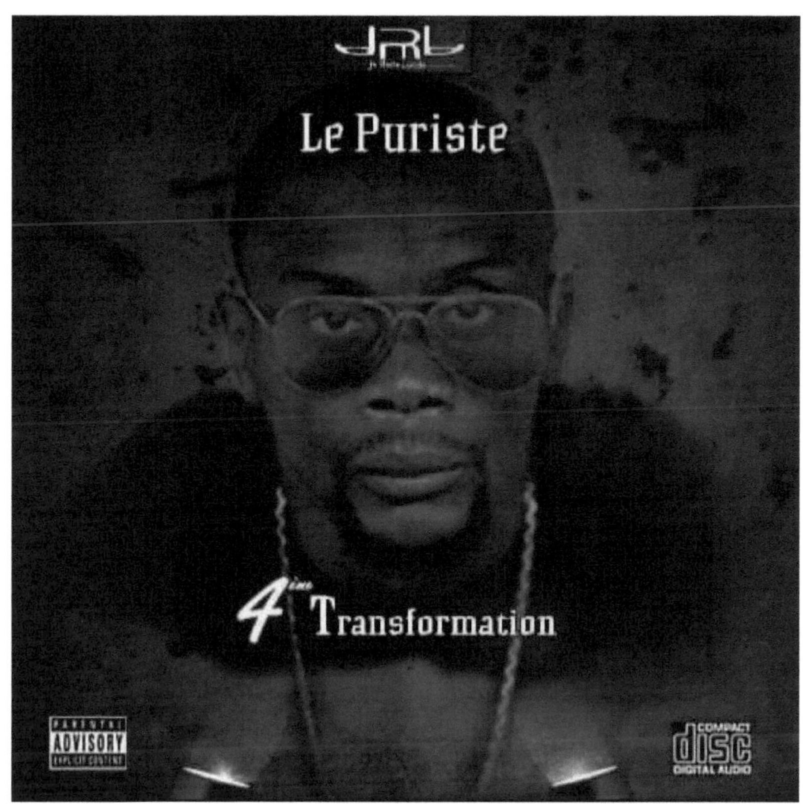

- **« Chez le coiffeur (interlude 4)»:**

Le coiffeur parlant à un client: « on dit quoi ça fait longtemps, tu avais voyagé ou bien?

Le gars: « oui j'avais voyagé un peu, j'étais à l'intérieur du pays »

Le coiffeur: « tu étais où? »

Le gars: « j'étais au Togo »

Moi (dans ma tête): « comment tu fais pour être à l'intérieur du pays qui est la Côte d'Ivoire au Togo? » très intriguant et étrange...

- **« de la force»:**

Je suis sorti ce matin comme presque tous les matins pour aller à la boulangerie acheter mon petit déjeuné. En rentrant, il y a un gars et son ami qui me croisent dans la rue devant chez moi,

Un des gars: « bonjour vieux père, c'est « le puriste »non? »

Moi: « oui »

Lui: « j'écoute tes sons. En tous cas je suis enjaillé, écrit d'avantage de textes hardcores »

Moi: « yeah je suis enjaillé, tu habites dans les parages? »

Lui: « je suis à star 9b »

En terme de rap, il ne suffit pas d'avoir juste du flow, il faut du contenu dans les textes, la forme ne suffit pas, il faut du fond.

- **« stupéfait »:**

Je suis membre du jury du concours de rap « pépite du rap » organisé par le studio #360degrés ... il y a vraiment eu une pépite lors du dernier tournage. Tenez vous bien, un des candidats n'est pas venu. Ça encore ce n'est rien, mais la raison évoquée nous a tous scotchée... le jour où on l'a appelé, nous lui avons dit: « tu es retenu pour la prochaine manche éliminatoire » . Le jour j, il ne vient pas, quand nous l'appelons pour savoir la raison de son absence, il dit qu'il pensait qu'il était éliminé car nous lui avons dit qu'il est retenu pour la manche « éliminatoire » d'où son élimination.

FOYER DE
BINGERVILLE

- **« quand tu ne sais pas quelque chose, c'est mieux de le dire »:**

Toujours dans les manches éliminatoires du concours de rap « pépite du rap » par le studio 360 Degrés , un des candidats a porté un t-shirt où il est écrit « sentinelle ». Par curiosité, un membre du jury lui demande s'il sait ce que signifie le mot « sentinelle ».

Le candidat: « oui »

Jury: « ok, dis nous »

Le candidat: « sentinelle est la marque de mon vieux père »

Jury: « ok... mais il s'agit d'un mot qui existe, peux-tu nous dire la signification. »

Le candidat: « quand on dit sentinelle, on veut parler de sentiment, c'est à dire quand tu aimes ta copine, tu as des sentiments pour elle... c'est aussi la bonne santé, quand on est en bonne santé c'est aussi ça le mot sentinelle. »

Nous les membres du jury: choqués ... bouche b...

#pourquoi_les_gens_font_ça

- **« les pots cassés » :**

Toujours dans l'exercice de mes fonctions , nous éliminons des candidats à chaque manche. Figurez-vous que parmi eux, il y en a qui sont abonnés à mes pages sur les réseaux sociaux... juste après un des tournages, un éliminé mécontent ou un de ses amis, (je ne sais pas trop), m'a envoyé un jolie petit message: « bande de pd » enfin... cela me fait plus rire qu'autre chose.

J'ai été touché également car il y a eu des candidats éliminés qui ont pleuré...

- **« merci pour la considération »:**

Depuis quelques jours, les sollicitations ont repris dans ma messagerie et dans la rue. J'ai reçu des messages comme: « bonjour, je veux travailler avec toi », ou « bonjour, j'aimerais te rencontrer », ou encore « vieux je veux que tu me coach pour rapper »...

Un soir, assis en train de manger dans un coin, un plus jeune que moi est venu s'asseoir à ma table et m'a dit: « vieux père, je veux te demander quelque chose, est ce que tu peux me produire? Tu ne vas pas regretter. »

Pour répondre à tout le monde, je vais avouer que je suis sur plusieurs fronts à la fois, étant donné que je suis mon producteur, mon manager, j'écris mes textes, je coordonne pour faire mes clips, je travaille avec les beatmakers pour la conception de mes instrumentaux... vous voyez bien que ce n'est pas évident de coacher ou bien de produire quelqu'un à part moi pour le moment. Mais par messages, je ferai le nécessaire pour donner des conseils.

En tous les cas merci pour les sollicitations, on est ensemble.

- **« vraiment!!!» :**

Vous savez, quand on entreprend quelque chose et que l'on s'autoproduit, ce n'est pas facile. Dans mon activité qui est la musique (le rap), qui prend de plus en plus de place dans ma vie, je suis l'auteur, le compositeur de mes textes, j'assiste le beatmaker, j'assiste l'infographe, je suis mon producteur (même si de ce côté cela a évolué) et j'en passe... ce n'est pas une bonne chose selon certains, selon d'autres cela montre ma capacité à avoir plusieurs cordes à mon arc, cela démontre aussi que j'ai le soucis de bien faire. Déléguer une partie de son travail est très difficile, car il y a de nombreuses personnes malhonnêtes, ou qui ne font pas les choses comme on le veut. Bref, les choses s'agrandissent donc ont besoin d'être de plus en plus précises.

Que Dieu m'éloigne de tous ceux qui ne sont pas précis, méticuleux et honnêtes.

- **« petit caillou (interlude 5)»:**

Il y a quelques années, je me moquais de ceux qui étaient tout le temps scotchés à leur phone, et qui lorsqu'il avait un problème (écran cassé, tactile endommagé...) étaient comme s'ils avaient le paludisme. Mais... ça c'était avant. Il y a quelques temps, mon téléphone en m'échappant de la main a rencontré un jeune caillou au sol, chose bizarre, c'est qu'il est tombé l'écran face contre terre. J'ai mis quelques secondes avant de le ramasser. Bien évidemment l'écran était cassé, le tactile était touché... et oui, j'ai senti cette sensation de paludisme...

- **« tous des envoûtés (interlude 6)»:**

Je passais au quartier tranquillement quand je tombe sur une discussion très animée des gars sur Cristiano versus Messi... un groupe dit que Cristiano a trois leagues des champions successives... un autre groupe dit que Messi ne mérite pas ses six ballons d'or... il y'a un des envoûtés qui dit que lui il est plus intelligent que ceux qui octroient les ballons d'or... que Xavi, que Iniesta, que Modrìc... tous des envoûtés... enfin... je vais faire passer tout ça avec une bière ou 2, et rentrer chez moi...

- **« pourquoi? (Interlude 7)»:**

J'ai fait une remarque assez étrange... quand un africain parle à un français, en général il chôcô ou il essaie... pourquoi?

Est ce que quand un ivoirien parle à un camerounais ou un guinéen ou encore un sénégalais, il prend leur accent et inversement?... si c'est une affaire d'accent ou de manière de parler sur le continent africain on en a un tas, mais on ne fait pas ça... qu'est ce qui fait ça?

- **« mais... pourquoi?»:**

Dans mon parcours musical, j'ai constaté plusieurs choses. Celle qui m'étonne le plus parmi tant d'autres, c'est le fait que dans le rap en particulier, la majorité ne cherche pas forcément à travailler ou à imposer son style... mais plutôt à vouloir exister en dénigrant des rappeurs qui ont déjà sorti la tête de l'eau... même si tu ne l'aimes pas il faut admettre qu'il a une longueur d'avance voire plusieurs et cherche à travailler... visualise ton mouvement et développe le... c'est mieux. La jalousie ne mène à rien à part l'aigreur... et l'aigreur ne permet pas d'avancer, bien au contraire.

- **« intéressé »:**

Dans la vie de tout le monde, on peut être intéressé par plusieurs choses, ce qui est tout à fait normal. Mais agir de façon intéressée n'est pas forcément toujours bien. On dira d'une femme, qui vient sortir avec quelqu'un, à cause de son argent uniquement, qu'elle est intéressée ou encore vénale. Ce qui est négatif en vrai. Mais lorsque c'est un homme, qui vient vers un autre homme à cause de l'argent, ou juste pour profiter de quelque chose pour un temps et disparaître, quand il a eu ce qu'il veut, alors qu'il a joué la carte du gars le plus respectueux vis à vis de celui-ci, cela fait pitié... musicalement, j'évolue toujours, Dieu merci, mais en étant pas encore au sommet (je ne sais pas si je vais m'y considérer un jour même si cela devient le cas, tellement j'aime me surpasser)... Le nombre de gars qui font semblant d'être des potes ou des fans juste pour atteindre un objectif... c'est étonnant. Heureusement que j'ai un bon stylo rouge dans mon auto production.

- **« générations »:**

Je sortais de chez moi à pieds, j'allais chez un pote pas loin quand sur le trajet je rencontre des petits qui écoutent un instrumental en marchant et en chantant par dessus. C'était de la drill.

Quand ils sont arrivés à mon niveau, je leur ai dit: « les petits c'est comment? Attendez je vais vous enjailler un peu »

Eux: « ok mon vieux, on remet le beat au début »

Donc je fais mon freestyle tranquillement, sans tituber.

Eux: « mon vieux tu es bon hein, tu nous as inspiré, on va freestyler aussi, mais on va aller en rap ivoire »

Ils ont fait leur truc... et on s'est séparé...

Alors, ils ont freestylé, donc rapper sur un beat drill américain avec des paroles en français et quelques mots nouchis (je le fais aussi dans certains de mes sons)... Ma question est la suivante: « au juste, c'est quoi le rap ivoire? J'ai besoin d'une définition pour bien comprendre » Merci bien.

- **« se réhabituer »:**

Des fois dans la vie, on est confronté à de nombreuses situations qui nous font prendre certaines décisions par méfiance. On a tendance à se surprotéger et à s'éloigner de certaines personnes juste parce que le doute s'installe et que l'on a peur de faire les mêmes erreurs.

Des fois des choses biens sont là dans nos vies, des personnes biens sont présentes et veulent notre bien... mais les histoires passées nous empêchent de les voir comme tel...

Dans ce genre de situations, arriver à se refaire confiance et à refaire confiance en certaines choses, à certaines personnes sont la clé... sinon on perd tout.

La vie est faite d'actes et de prises de risque, ne l'oublions pas. Sans erreur il n'y a pas de leçon.

- **«2 générations »:**

Mon neveu: « tonton, tu as dessiné sur toi encore... »

Moi: « quand je vais me laver ça va disparaître » (ce que je lui dis à chaque fois)

Mon neveu: : « mais toujours tu te laves et puis tu dessines sur toi encore... » (il fait allusion à mes tatouages)

Moi: « tu as raison, je ne vais plus recommencer »

Le gars a 5ans.

- **« exemple »:**

Toujours en compagnie de mes neveux, (le plus vieux à 5 ans bientôt) et pour ceux qui me connaissent, je suis toujours torse nu à la maison.

Ils me disent : « tu as écrit sur toi encore? »

Moi : « non, ce sont les mêmes mais ça ne s'en va plus »

L'un d'entre eux me dit : « moi aussi quand je vais grandir, je vais écrire sur moi »

Moi : « euuuh... non faut pas faire ça, c'est pas bien d'écrire sur soi »

Lui : « si! je vais écrire sur moi, toi tu as écrit sur toi non? »

Moi : « oui c'est vrai, mais on n'écrit pas sur soi, ce n'est pas bien »

Lui : « tata Dani a écrit sur elle aussi, tonton Franck aussi »

Moi : mort de rire

Une famille de tatoués

- **« qui donne l'exemple » :**

Étant dans l'espace jardin public et jeux de mon quartier de cœur, je m'échauffe avant de jouer au basket. Tout est tranquille, les joueurs potentiels commencent à arriver.

Dans l'espace jardin, un attroupement de plus jeunes, 12-13ans environ, se forme. Tout d'un coup, une fumée se fait sentir et se fait voir de leur côté. Je me rapproche pour voir ce qui se passe. Un des enfants a coupé une feuille dans un cahier, a ensuite coupé un peu de gazon dans le jardin. Il a par la suite mis le gazon dans le papier, l'a roulé comme il a pu et a commencé à fumer en partageant avec ses amis...

Je suis rentré dans une colère indescriptible. Je me suis dirigé vers eux d'un pas ferme, je les ai sermonné comme il se doit et les ai renvoyé à la maison.

Après... je les ai compris... au même endroit où ils faisaient leur sale besogne, leurs ainés faisaient la même chose avec de vraies substances illicites à la vue de tout le monde...

Savoir ce que l'on fait pour pouvoir donner le meilleur exemple...

- **« croire »:**

« Aide toi et le ciel t'aidera »... certains, je suppose la majorité, oublient le début de cette citation et ne retiennent que la fin. Effectivement, ce n'est pas en ne faisant rien que tout arrive, il faut mettre en place, créer, innover... mais avant tout, confier le début, le déroulement et la fin à Dieu.

Être en paix avec soit et avancer, seul... mais accepter d'être accompagné, épaulé, aimé, encouragé...

« Il n'est pas bon que l'homme soit seul, je lui ferai une aide semblable » (genèse 2:18), certains, encore une fois la majorité, voient en ce verset une manière de se laisser aller, de conquérir plusieurs femmes.

Une femme dans la vie d'un homme, est une chose très importante. Elle aime, aide, apporte de la douceur dans le couple.

Je remercie Dieu pour ce qu'il a commencé et continue de faire dans ma vie .

Je vous souhaite de trouver la paix.

- **« on ne va jamais avancer dans ce monde »:**

Heureusement que je suis propriétaire de ma musique et que je suis protégé par un contrat de distribution numérique international…

Une fois, j'étais au studio pour enregistrer un son, les arrangeurs m'ont dit clairement : « djo ton son est dingue hein, on va voler une partie pour faire pour nous » je leur ai répondu: « quoiqu'il arrive, je suis protégé, si vous volez vous ne gagnerez rien » ils ont laissé tombé.

Vous les avez connu, ils ont fait un brin de carrière et se sont éteints.

Quelque temps après, des jeunes de mon quartier m'ont approché, pour me dire que les mêmes individus ont volé leur son… ils voulaient savoir si je pouvais faire quelque chose pour les aider… car à leur grande surprise, le son qu'ils ont enregistré dans le studio des gars, a été repris à leur insu en changeant juste le beat mais en gardant les paroles des enfants et de surcroît le clip du son passait sur trace tv…

Je n'ai rien pu faire car ils ne s'étaient pas faits protéger…

En plus, j'ai appris qu'une chaîne de tv a encore volé un projet qu'on leur a proposé il y a 2 ans environ… ils ont juste changé le nom mais ont gardé le même concept qu'on leur a proposé…

Le showbiz est étrange… on ne sait pas soutenir et travailler avec… mais on sait voler et faire croire aux gens que c'est le fruit de nos efforts…

Ça fait pitié…

- **« 1ère reconnaissance »:**

Dans mes débuts il y a 10 ans sur le terrain ivoirien, je cherchais à me familiariser au monde du rap pour avancer dans ce domaine. Ce n'était vraiment pas facile. On m'invitait dans des showcases dans des maquis au dokoui-abobo pour faire des prestations. L'une de mes premières récompenses aussi banale soit-elle, quand j'y repense, me fait plaisir, malgré la nature de celle-ci. Je vous explique.

Ce jour là, on m'avait invité pour une prestation lors du showcase d'un groupe que je respecte. #légende_urbaine (les 1ers à m'avoir ouvert une brèche). C'était dans un maquis.

Lorsque j'eu fini de chanter, un gars (un genre de nouci) m'a suivi, il m'a interpellé et m'a dit:

Lui: « Bonsoir, on dit quoi? »

Moi: « je suis calé »

Lui: « franchement, ce que tu viens de faire là, il faut continuer, ça m'a mis dans bon »

Moi: « merci...»

Lui: (énervé) « non, c'est pas merci! je dis de continuer ce que tu fais! Tu bois quoi? »

Moi: « grosse bière, Drogba »

Lui: « ok, tu fumes quoi? »

Moi: (en ce temps je fumais) « Marlboro light »

Le gars m'a envoyé 2 grosses bières et un demi paquet de clopes.

Tout ceci pour dire qu'il ne faut pas négliger les faibles commencements, et se battre pour que son travail ressemble à quelque chose de satisfaisant.

- **« entreprendre »:**

Mettre son argent dans un projet, croire en ce projet, le concrétiser. Penser investir dans tel ou tel business. Penser au résultat final, à la récompense d'après l'effort, certes, mais pas trop tôt... plus le projet est grand, plus il faut investir et être patient, investir financièrement, physiquement donc de son corps... bref, il faut être patient, mettre un enfant au monde est facile, mais pas simple, surtout si c'est un enfant qui doit accomplir de grandes choses.

Aussi, parfois on s'associe à des personnes qui n'ont pas la même volonté que nous, ces personnes peuvent nous décourager, nous faire penser abandonner car opportunistes juste là pour récolter le fruit.

Avant la conception de tout projet, l'on réfléchit à comment le mettre en place, pendant sa conception, on réfléchit à comment faire en sorte qu'il prenne de la valeur et de la notoriété, après sa conception, donc à sa sortie, l'on matérialise la stratégie de communication… croyez moi on peut avoir l'impression d'avoir investi pour rien, surtout quand on est trop pressé de recueillir les fruits.

Tout ceci pour dire que Kaaris a fait 12 ans avant d'être connu, nicki Minaj a posté pendant 2 ans une vidéo chaque mois avant que Young money ne la teste et l'approuve, Michael Jordan a mis 7 ans avant de gagner son 1er titre NBA, Didier Drogba a commencé à se faire connaître après ses 25 ans alors qu'il a commencé sa carrière señor à 20ans. Seuls l'effort, le travail et la persévérance paient.

Conclusion 2

Tant que nous sommes en vie, nous en apprenons toujours un peu plus. Le choix qui satisfera tout le monde n'existe pas. Celui qui ne satisfera personne non plus. Peser le pour et le contre avant de se lancer dans un projet, tourner sept fois sa langue dans sa bouche avant de parler, de se prononcer. Malgré tout cela, l'on peut commettre des erreurs. L'essentiel est d'assumer ses actes, de lutter pour que ses choix soient bénéfiques pour le plus grand nombre. Difficile, compliqué, mais faisable.

Lexique

Goumin ou goubestine : chagrin d'amour

Goubestiner : être dans un état de chagrin d'amour

Mougou : coucher avec

Mougoupan : coucher avec quelqu'un puis ne plus donner suite.

Djafoule sur quelqu'un : sermonner

Printed by Books on Demand GmbH, Norderstedt / Germany